Analyse de l'œuvre

Par Ophélie Ruch
et Margot Sonneville

Les Fourberies de Scapin

de Molière

lePetitLittéraire.fr

Rendez-vous sur lepetitlitteraire.fr et découvrez :

Plus de 1200 analyses
Claires et synthétiques
Téléchargeables en 30 secondes
À imprimer chez soi

MOLIÈRE

DRAMATURGE, COMÉDIEN ET CHEF DE TROUPE FRANÇAIS

- **Né en 1622 à Paris**
- **Décédé en 1673 dans la même ville**
- **Quelques-unes de ses œuvres :**
    - *Dom Juan* (1665), comédie
    - *L'Avare* (1668), comédie
    - *Le Bourgeois gentilhomme* (1670), comédie-ballet

À la fois auteur, metteur en scène, directeur de troupe et comédien, Molière (de son vrai nom Jean-Baptiste Poquelin) nait à Paris en 1622 dans la bourgeoisie aisée. Il s'oriente très tôt vers le théâtre et fonde avec la comédienne Madeleine Béjart (1618-1672) la troupe de l'Illustre-Théâtre. Après douze ans de théâtre itinérant en province, il revient à Paris où il est remarqué par Louis XIV (1638-1715) qui le prend à son service.

Il écrit essentiellement des comédies dans lesquelles, sous le couvert du rire, il met au jour les défauts de ses contemporains (la préciosité, le pédantisme, l'avarice, etc.) et critique la société du XVIIe siècle (les pères autoritaires, les faux dévots, les médecins charlatans, etc.) Ses nombreuses pièces exercent encore aujourd'hui une influence considérable et font de Molière un auteur majeur du siècle classique.

Il meurt à Paris en 1673.

LES FOURBERIES DE SCAPIN

UNE DES DERNIÈRES PIÈCES DE MOLIÈRE

- **Genre :** comédie
- **Édition de référence :** *Les Fourberies de Scapin*, Paris, Gallimard, coll. « Folio Classique », 1999, 192 p.
- **1ʳᵉ édition :** 1671
- **Thématiques :** valets, ruse, supercherie, farce, mensonge

Les Fourberies de Scapin, une comédie en trois actes et en prose, est représentée pour la première fois en 1671. C'est l'une des dernières pièces de Molière, dans laquelle il met tout son talent de dramaturge au service d'une forme qu'il affectionne tout particulièrement : la farce.

Elle met en scène les roueries d'un valet, Scapin, qui se joue de ses maitres. Fortement inspirée par la commedia dell'arte (forme théâtrale italienne qui s'appuie sur l'improvisation et les masques) qui rencontre alors un grand succès en France auprès du public, elle repose sur les principes d'exagération et de caricature. À cause de cela, elle n'emporte qu'un succès modéré auprès des auteurs de l'époque, qui préfèrent la mesure. Pour autant, elle demeure l'une des pièces de Molière les plus jouées, et fait aujourd'hui partie du répertoire des pièces classiques.

RÉSUMÉ

ACTE I

Scène I

Octave vient d'apprendre par Sylvestre, son valet, que son père, Argante, rentre de voyage et compte le marier. C'est une catastrophe pour lui qui, en l'absence de son père, s'est marié à Hyacinte, la jeune fille qu'il aime.

Scène II

Scapin, le valet de Léandre, arrive et remarque le trouble d'Octave. Il lui en demande la raison. Octave raconte qu'en l'absence de leur père respectif, son ami Léandre et lui-même ont fait la rencontre de deux jeunes filles, dont ils sont tombés amoureux. La gouvernante de Hyacinte, la jeune fille dont Octave s'est épris, exigeait de lui qu'il l'épouse, sans quoi elle lui refusait de la voir : il s'est donc marié. Or son père veut à présent le marier avec la fille de Géronte, le père de Léandre. Il tremble de devoir affronter son père. Scapin lui propose son aide.

Scène III

Hyacinte vient vérifier auprès d'Octave la mauvaise nouvelle. Il lui confirme leur malheur, mais en même temps, il lui apprend que Scapin les aidera à convaincre Argante de les laisser vivre leur amour. Scapin en profite pour se faire supplier par la jeune fille. Il mime avec Octave la scène à venir, prenant le rôle d'Argante.

Scène IV

Argante arrive et, se croyant seul, se laisse aller à sa colère contre son fils. Scapin ponctue chacune des répliques d'Argante de son côté : le spectateur assiste donc à deux soliloques (monologue), ce qui produit un effet comique. Puis Scapin intervient et entreprend de convaincre Argante qu'Octave ne pouvait faire autrement qu'épouser Hyacinte. Il met Argante dans la position du mauvais père qui ne soutient pas son fils.

Scène V

Scapin convainc Sylvestre de l'aider dans ses ruses.

ACTE II

Scène I

Argante raconte à Géronte ses malheurs. Celui-ci lui dit que la seule explication au mauvais comportement de son fils ne peut être qu'une mauvaise éducation, et insulte donc indirectement Argante. Mais ce dernier lui répond que Scapin lui a appris les mauvaises conduites de Léandre : ils sont en fait dans la même situation.

Scène II

Géronte rencontre Léandre et lui apprend qu'il est furieux contre lui.

Scène III

Léandre veut punir son valet de sa trahison et le menace de

son épée. Octave se met entre eux, lui assurant que Scapin n'est pas si perfide. Léandre veut lui faire confesser sa faute, mais il y a quiproquo et le domestique confesse volontairement d'autres trahisons dont son maitre n'était pas au courant. Léandre réalise que son valet est un fourbe.

Scène IV

Carle, un fourbe, vient apprendre à Léandre que les Égyptiens veulent enlever Zerbinette, sa bienaimée, et que le seul moyen de les en empêcher est de leur payer cinq-cents écus. Léandre, au désespoir, se retourne vers Scapin pour lui demander son aide. Celui-ci est de nouveau en position de force. Retournement assez comique : le maitre, qui vient juste d'apprendre que son valet est un fourbe, se retrouve à ses pieds. Scapin accepte finalement d'aider Léandre, mais aussi Octave, qui a besoin de deux-cents pistoles pour calmer la colère du soi-disant frère de Hyacinte.

Scène V

Scapin fait croire à Argante que le frère de la femme qu'a épousée son fils veut lui soutirer de l'argent pour faire annuler le mariage. Comme il sait qu'Argante est avare, il commence par lui annoncer une somme énorme, puis lui fait croire qu'il l'a négociée au nom d'Argante. Quand celui-ci apprend le montant de la somme finale, ridicule par rapport à la première, il accepte de la donner.

Scène VI

Sylvestre arrive, déguisé, et Scapin le fait passer pour le frère de la mariée. Il dit être à la recherche d'Argante pour se venger de l'affront fait à sa sœur, rejetée par Argante. Ce dernier est terrorisé. Scapin s'octroie le beau rôle : il fait semblant de le protéger, lui prouvant ainsi qu'il est de bonne foi. Lorsque le faux frère s'éloigne, Argante accepte de donner deux-cents pistoles. Scapin empoche l'argent. Il s'agit là de sa première fourberie.

Scène VII

Argante se retire, et Géronte arrive à son tour. Pour lui, Scapin invente un nouveau stratagème : il lui fait croire que Léandre a été fait prisonnier par des hommes sur une galère et qu'ils exigent cinq-cents écus dans les deux heures. Géronte lui demande d'aller se faire prisonnier à la place de Léandre. Le valet refuse. Géronde propose alors d'aller vendre de vieux vêtements, mais cela ne rapportera jamais assez d'argent : cette proposition montre le ridicule de l'avarice de Géronte. Celui-ci donne finalement l'argent à contrecœur.

Toute cette scène est rythmée par une réplique de Géronte qui vient répondre à presque tous les arguments de Scapin : « Mais que diable allait-il faire dans cette galère ? », ce qui donne à l'épisode un caractère profondément comique.

Scène VIII

Scapin rejoint Octave et Léandre. Il donne à Octave les deux-cents pistoles qui lui permettront de sortir de son mauvais pas. Quant à Léandre, il lui donne ses cinq-cents écus à la seule condition qu'il l'aide à se venger de Géronte. Léandre accepte.

ACTE III

Scène I

Scapin et Sylvestre annoncent à Hyacinte et à Zerbinette que leurs amants leur demandent d'être amies ; elles acceptent et entament leur amitié en se lamentant de leur sort respectif. Dans la seconde partie de la scène, Scapin annonce à Sylvestre qu'il se met en route pour assouvir une vengeance.

Scène II

Scapin rencontre Géronte et lui fait croire qu'il est poursuivi par le frère de Hyacinte : celui-ci aurait appris que Géronte entendait marier sa fille avec Octave et voudrait se venger de l'affront fait à sa sœur. Scapin fait peur à Géronte en lui assurant que le frère de la jeune fille est accompagné d'amis soldats. Géronte demande son aide au valet, qui lui propose un stratagème : entrer dans un sac que Scapin portera sur son dos jusqu'à ce qu'il soit à l'abri. Scapin commence alors un véritable jeu de comédien : tour à tour il imite les voix des supposés agresseurs, prétend qu'il ne sait pas où est Géronte et donne de grands coups de bâton sur le sac. Géronte se plaint de la violence de ses agresseurs, mais Scapin lui assure qu'il fait tout ce qu'il peut pour le cacher. La scène dure ainsi jusqu'à ce que Géronte sorte la tête du sac et réalise la supercherie. Scapin s'enfuit.

Scène III

Zerbinette rencontre Géronte et, sans savoir de qui il s'agit, partage avec lui une histoire qui la fait rire : la manière dont Scapin s'est joué de Géronte et de son avarice, et dont il lui a soutiré cinq-cents pistoles.

Scène IV

Sylvestre est atterré par les révélations de Zerbinette à Géronte : à cause d'elle, Géronte et Argante vont apprendre qu'ils se sont fait duper.

Scène V

Argante vient trouver Sylvestre et lui apprend que lui aussi sait qu'il a été l'objet des fourberies de Scapin.

Scène VI

Géronte et Argante se retrouvent et partagent la même colère contre Scapin.

Scène VII

La nourrice de Hyacinte arrive et demande à Argante de la pardonner d'avoir marié sa fille à un homme durant son absence. Elle révèle le nom du mari : il s'agit d'Octave. La surprise est grande pour les deux hommes, qui réalisent que celle qu'ils voulaient marier à Octave est celle à laquelle il s'est uni en cachette.

Scène VIII

Sylvestre rencontre Scapin et l'avertit des dangers qu'il court.

Scène IX

Joie de Géronte.

Scène X

Octave découvre qu'il est marié avec celle que lui destinait son père et qu'il peut donc vivre son amour en toute liberté.

Scène XI

Léandre vient apprendre à Géronte que Zerbinette est en fait de bonne famille : ceux qui l'avaient enlevée lui ont appris qu'elle leur était arrivée avec un bracelet. Argante reconnait immédiatement le bracelet comme étant celui de la fille qu'il a perdue des années plus tôt. Zerbinette étant la fille d'Argante, elle peut donc prétendre au mariage avec Léandre.

Scène XII

Carle vient apprendre à tous les personnages réunis que Scapin, l'objet de toutes les colères, a reçu sur la tête un marteau tombé d'un bâtiment : il est en train de mourir et demande à les voir.

Scène XIII

Scapin entre en simulant la mort et demande à tous de le pardonner de ses fourberies. Géronte est le seul à refuser, mais il finit par accepter pour que le valet ne finisse pas sa phrase et ne révèle pas qu'il l'a battu, ce qui est honteux. À la fin de la scène, Scapin se fait porter en bout de table, tout pardonné qu'il est, fourbe vainqueur de tous.

ÉTUDE DES PERSONNAGES

SCAPIN

Scapin est le personnage principal. C'est lui qui provoque les péripéties, et ses fourberies sont, comme l'indique le titre, le thème central de la pièce. Ce personnage est emprunté par Molière à la commedia dell'arte. Il joue le rôle du valet fourbe qui se moque de ses maitres et qui parvient à se tirer impunément de toutes ses trahisons. Scapin se place au centre des intrigues et devient rapidement un élément clé de la pièce : le valet devient personnage principal, au détriment des maitres – cette inversion des rôles est fréquente dans les comédies de Molière, et est source de rire.

L'INFLUENCE DE LA COMMEDIA DELL'ARTE DANS LA CRÉATION DU PERSONNAGE DE SCAPIN

Scapin provient donc directement du répertoire de la commedia dell'arte et s'apparente à Scappino (de l'italien scappare, « s'échapper ») et de sa variante Brighella. Son caractère est celui d'un fourbe, insouciant et cupide, et son costume, qui l'identifie et que Molière reprendra, est le plus souvent composé d'un habit rayé vert et blanc.

Ce n'est pas la première fois que ce type de personnage apparait dans une œuvre de Molière. Il est en effet déjà présent dans *L'Étourdi* (1653) sous le nom de Mascarille. Il est également repris par d'autres auteurs de l'époque, notamment par Dorimond (comédien et dramaturge

ARGANTE ET GÉRONTE

Argante et Géronte, les deux pères, représentent quant à eux les bourgeois tels que Molière les figure souvent : ils sont avares et crédules, et leur intelligence est limitée à leurs seuls intérêts. Ils sont d'autant plus tournés en ridicule dans cette pièce que c'est un valet qui en fait les marionnettes de ses jeux.

LÉANDRE ET OCTAVE

Léandre et Octave, avant d'être de jeunes mariés, occupent la position de fils. Ils dépendent du bon vouloir de leur père, qu'ils craignent ouvertement. L'intrigue qui se crée autour de leur mariage respectif permet de mettre en relief l'importance du mariage au sein des bonnes familles et des exigences auxquelles celui-ci doit se plier. En effet, le fils ne possède que peu d'influence par rapport à son choix.

Leur caractère n'est pas développé ; leur mariage ne représente qu'un support pour permettre de développer les fourberies de Scapin.

HYACINTE ET ZERBINETTE

Hyacinte et Zerbinette, respectivement les épouses d'Octave et de Léandre, sont les seuls personnages féminins, excepté la gouvernante de Hyacinte. Tout comme pour leur maris, leur caractère n'est pas développé ; elles n'existent qu'à travers leur condition d'épouse, de fille et de sœurs, c'est-à-dire toujours sous la tutelle d'un homme. Cela permet au lecteur d'entrevoir à quels critères doit répondre une femme de l'époque pour se marier : de bonne famille, belle et docile, elle doit avant tout plaire à la famille du futur marié. Le dénouement de la pièce montre que l'amour triomphe, mais seulement parce qu'il correspond aux attentes paternelles.

CLÉS DE LECTURE

CONTEXTE HISTORIQUE

Au moment où est jouée la pièce de Molière en 1671, la guerre de Dévolution (1667-1668) contre l'Espagne est terminée depuis quelques années, et Louis XIV est devenu le monarque le plus puissant du monde. Avec lui, l'absolutisme en matière de pouvoir politique s'épanouit.

Toutefois, le pouvoir qu'il a acquis ne lui a pas fait oublier la Fronde (1648-1653) durant laquelle la noblesse et les grands du royaume ont tenté de se révolter contre le pouvoir royal. C'est pourquoi il décide en 1664, afin de domestiquer définitivement sa Cour, de transformer Versailles en un somptueux palais royal. Trois ans plus tard, la Cour y prendra ses quartiers : le roi peut désormais la tenir à l'œil, en la divertissant grâce à de somptueux spectacles, la détournant de la sorte de toutes velléités réformatrices.

C'est ainsi que s'ouvre une période particulièrement faste pour le roi : de grandes fêtes, mêlant musique, théâtre et danse figurent au programme. Même si le XVIIe siècle est propice aux beaux-arts et que les mécènes sont légion, tout n'est pas acceptable en matière artistique. Ainsi, même si le roi règne en monarque absolu, l'Église et ses représentants bénéficient malgré tout d'un pouvoir qui n'est pas factice : les œuvres allant à l'encontre des bonnes mœurs ou de la morale religieuse sont mises à l'index et proscrites. Molière verra quelques-unes de ses pièces, dont *Le Tartuffe*, interdites.

SCHÉMA ACTANCIEL

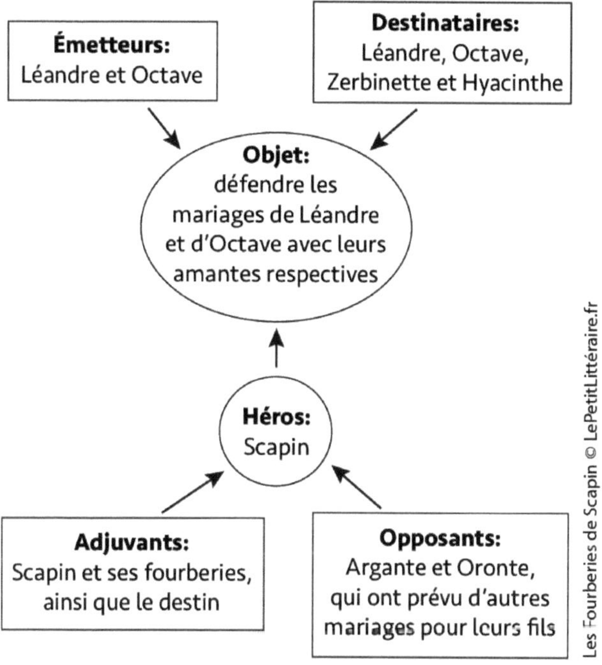

SCHÉMA NARRATIF

En général, au théâtre, et particulièrement dans cette pièce, le schéma narratif correspond au découpage en actes. Ici, on peut considérer que le premier acte dévoile la situation initiale et voit surgir l'élément perturbateur, que le second met en scène les péripéties et que le troisième est consacré au dénouement, qui aboutit à la situation finale.

Situation initiale : c'est le début de l'histoire, le moment où l'on plante le décor et où l'on présente les personnages ; la situation est équilibrée, c'est-à-dire qu'elle n'a aucune raison d'évoluer.

- Léandre et Octave apprennent le retour de leur père, ce qui compromet leur mariage respectif, puisque tous deux se sont épris de deux jeunes filles alors que le père d'Octave a trouvé une autre fiancée pour son fils. Scapin s'engage à mettre son génie à leur service.
  Dans une pièce de théâtre, l'intrigue débute toujours *in media res* : elle a commencé avant le début de la scène, et le lecteur/spectateur la prend en cours. Le premier acte, et surtout la première scène (appelée scène d'exposition), doit donc exposer rapidement le rôle de chaque personnage et l'intrigue.

Élément perturbateur : c'est un évènement qui vient perturber la situation initiale et qui va déclencher l'histoire proprement dite.

- Scapin découvre que Léandre et Géronte l'ont successivement trahi. Il décide de se venger d'eux (acte I).

Péripéties : ce sont les évènements provoqués par l'élément perturbateur et qui entrainent la ou les actions entreprises par le héros pour résoudre le problème.

- Les péripéties se déroulent durant le deuxième acte, qui

est l'acte central de la pièce, ainsi que dans le troisième acte. Scapin met en place des roueries successives, à la fois pour aider Léandre et Octave dans leur mariage respectif et pour accomplir sa vengeance. Mais il est finalement découvert par Géronte.

Dénouement : il met un terme aux péripéties et conduit à la situation finale.

- Dans le troisième acte, Argante apprend que la bienai-mée de son fils est précisément celle qu'il voulait lui faire épouser, et Géronte apprend que celle qu'a choisie son fils est de bonne famille, puisqu'il s'agit de la fille d'Argante. Parallèlement, Scapin fait une nouvelle fourberie pour se faire pardonner.

Situation finale : c'est la fin de l'histoire. La situation est à nouveau stable, comme la situation initiale, mais elle a subi des transformations.

- Finalement, Léandre et Octave peuvent se marier avec celle qu'ils aiment, et Scapin est pardonné.

GENRE DE L'ŒUVRE

Une pièce de théâtre

Les Fourberies de Scapin est une pièce de théâtre qui répond, par sa forme autant que par ses thèmes, aux canons de ce genre très codé. Le texte est découpé en actes et en scènes qui doivent rythmer le récit. Il est présenté sous forme de répliques introduites par des didascalies, qui précisent qui parle et qui donnent des indications sur le jeu des acteurs. Ainsi, le texte de théâtre est exclusivement composé de prises de parole.

Il s'agit ici d'un texte en prose – alors que de nombreuses pièces sont, au XVIIe siècle, composées en vers –, qui respecte les trois règles fondamentales du théâtre classique, la règle des trois unités, destinée à rendre la pièce vraisemblable :

- l'unité de temps, qui veut que l'action se déroule en une journée ;
- l'unité de lieu, qui exige que toutes les scènes soient jouées au même endroit (dans cette pièce, il s'agit d'un lieu de passage, vraisemblablement la place d'une ville) ;
- l'unité d'action, selon laquelle une seule intrigue doit être présentée (ici, empêcher les pères d'intervenir dans les mariages de leur fils).

LE CLASSICISME

Cette doctrine littéraire du XVIIe siècle vise à atteindre la beauté des œuvres issues de l'Antiquité gréco-romaine. Pour ce faire, elle prône un idéal de mesure, de rigueur et d'équilibre.

Lors de la fondation de l'Académie française en 1635 par le cardinal de Richelieu (prélat et homme d'État français, 1585-1642), une hiérarchisation des genres littéraires est établie. En ce qui concerne le théâtre, la tragédie apparait comme le genre le plus élevé, celui possédant le plus de valeur, tandis que la comédie est dépréciée. Toutefois, celle-ci demeure acceptée si elle obéit aux règles édictées. Le théâtre se voit donc codifié et son usage doit obéir scrupuleusement aux trois règles d'unité, énoncées par Boileau (écrivain français, 1636-1711) dans son *Art poétique*.

Une comédie

Cette pièce est plus précisément une comédie. Contrairement à la tragédie, autre forme théâtrale largement pratiquée au XVIIe siècle, la comédie doit s'achever de manière heureuse. Par ailleurs, le ton y est léger et les personnages ridiculisés et tournés en dérision. Le recours à différents procédés comiques est l'une des ressources principales de la comédie. Dans *Les Fourberies de Scapin*, Molière met en scène de nombreux procédés comiques :

- **le comique de situation**, qui s'appuie sur les circonstances. La scène III de l'acte II, dans laquelle Scapin bat Géronte enfermé dans un sac, est typique de ce genre de comique ;
- **le comique de mots**, qui joue sur le langage. Ce type de comique est à l'œuvre notamment lorsque Géronte répète « Mais que diable allait-il faire dans cette galère ? » (acte II, scène VII) ;
- **le comique de caractère**, lié à la personnalité des personnages, principalement à travers leurs vices et défauts. Citons par exemple la manière dont l'avarice de Géronte l'empêche d'aider son fils ;
- **le comique de geste**, qui utilise les ressources du corps pour faire rire. On trouve ce type de comique notamment dans la scène finale, dans laquelle le déguisement

de mourant de Scapin lui permet de jouer sa dernière fourberie pour obtenir le pardon (illégitime) des autres personnages.

Ainsi, Molière compose une comédie qui recourt à toutes les ressources du genre, donnant ainsi à sa pièce une résonance comique particulièrement efficace.

Une farce

Enfin, cette pièce appartient à un certain type de comédie : la farce. C'est un des genres les plus anciens du théâtre français, hérité du Moyen Âge. Les farces se jouaient à l'époque sur la place publique et mettaient en scène des personnages caricaturaux. Au XVIIe siècle, ce genre est décrié pour sa grossièreté et sa consonance populaire. Pour autant, elle constitue une source de procédés comiques que certains dramaturges continuent d'exploiter. *Les Fourberies de Scapin* emprunte à la farce son aspect comique et populaire.

UN VALET RUSÉ

Le valet, par l'intermédiaire du personnage de Scapin, est au centre de la pièce de Molière. Pourtant, alors que le valet n'est qu'un type de personnage secondaire dans la hiérarchie théâtrale, il occupe une place plus importante dans les œuvres du dramaturge (comme en témoigne la récurrence des valets dans ses pièces, par exemple dans *Le Tartuffe* ou dans *Le Bourgeois gentilhomme*). Le titre même, qui mentionne le nom du valet, préfigure l'intrigue.

Scapin, valet inhabituel, exerce principalement le rôle

d'intermédiaire entre les pères, Argante et Géronte, et les fils, Léandre et Octave. C'est par lui que transitent toutes les ruses imaginées dans la pièce. Ce sont les fils qui le poussent à intervenir : ils connaissent son caractère rusé et son art de la manipulation. Lui seul peut les sortir de l'impasse dans laquelle ils se trouvent.

En apportant son aide à ces derniers, Scapin démontre rapidement qu'il est le personnage le plus habile. Pourtant, ses actes ne sont pas accomplis avec bienveillance, même s'il est dévoué envers les deux fils, mais dans le but de prendre le dessus sur ses maitres. Ainsi, malgré ses actions hostiles et sournoises, et par un dernier subterfuge, il parvient à se faire pardonner par les pères, prouvant par là même que c'est lui, le valet, qui sort victorieux de la pièce.

GENÈSE ET RÉCEPTION DE L'ŒUVRE

Lors de son retour de province en 1658, Molière a le vent en poupe et commence une belle carrière parisienne. Très vite, il travaille pour la cour, pour laquelle il écrit de grosses productions, des spectacles « complets » en collaboration avec Corneille (poète dramatique français, 1606-1684) ou encore Lully (compositeur italien naturalisé français, 1632-1687), notamment pour le spectacle *Psyché* (1671). Au vu de son succès, ce spectacle quitte la cour et s'ajoute au programme des théâtres de la ville. Toutefois cela demande quelques travaux dans les salles. C'est pendant le temps de ces adaptations que Molière écrit plusieurs pièces dont *Les Fourberies de Scapin*. Cette dernière est jouée durant quelques semaines au théâtre de Palais-Royal, en même temps qu'une reprise du *Sicilien ou l'amour peintre*.

Les Fourberies de Scapin semble alors, sinon un bouche-trou, du moins une pièce assez secondaire. En effet, même si le succès est au rendez-vous, la pièce ne donnera lieu qu'à 18 représentations et produira une recette médiocre. Après cette série de représentations, la pièce ne sera plus jouée jusqu'à la mort de Molière en 1673. Ce n'est qu'au fil des années que son succès ira crescendo et entrera dans le répertoire officiel de la Comédie-Française en 1680.

LES SOURCES DE LA PIÈCE

Pour cette pièce, Molière plonge, comme souvent, dans l'Antiquité et s'inspire principalement de la pièce *Phormion* de Térence (poète latin, 190-159 av. J.-C.), lui-même s'étant inspiré d'un modèle de comédie grecque. Molière lui emprunte le canevas et quelques scènes phares dont le personnage principal, le type du fourbe et du filou, vient en aide à des fils qui ont épousé des jeunes filles durant l'absence de leur père.

Pour certaines scènes (notamment lorsque Scapin soutire de l'argent aux pères), Molière s'inspire de Plaute (auteur latin, 254-184 av. J.-C.), autre auteur antique. Molière puise également certains passages dans les œuvres de ses contemporains, notamment dans la comédie *La Sœur* (1645) de Jean de Rotrou (dramaturge français, 1609-1650).

L'INFLUENCE DE LA COMMEDIA DELL'ARTE

Molière subit également l'influence d'un autre genre comique et populaire : la commedia dell'arte. Elle est l'héritière du théâtre comique de l'Antiquité (comédie, parodies, satires) dans lequel elle puisse les masques et les « types » de personnages. Jouée alors en Italie, elle s'oppose à la *commedia sostenuta*, un genre plus classique, qui se joue à partir d'un texte fixe, que les comédiens suivent à la lettre. La commedia dell'arte est quant à elle un genre plus libre. En effet, à partir d'un canevas figé, elle laisse une place à l'improvisation de l'acteur, mais n'en reste pas moins un théâtre extrêmement professionnel. Notons également que ce théâtre itinérant associe généralement ses personnages à une province de l'Italie actuelle par l'emprunt d'accents, d'expressions ou encore d'habitudes caractéristiques (le toscan, le vénitien, le napolitain), et que chaque acteur, changeant très rarement de rôle, est véritablement identifié à un personnage précis.

Celle-ci est introduite en France par les comédiens italiens eux-mêmes dès le XVIe siècle et rencontre une fortune variable dans une cour française largement italianisée. C'est toutefois avec Molière qu'elle connaitra un réel succès, et ce jusqu'à la fin du XVIIe siècle. Elle parcourra toute l'Europe jusque Vienne, Madrid ou encore Londres. Ses caractéristiques s'apparentent à celles de la farce :

- elle est constituée de trois actes ;
- elle met en scène des types de personnages précis qui fonctionnent souvent par deux et joue sur leurs opposi-

tions (maitre-valet, jeune-vieillard, etc.) ;

- elle a recours à des costumes et à des masques dans le but de caractériser les personnages et favorisent la gestuelle du texte ;
- elle laisse une grande part Improvisation libre des comédiens, mais celle-ci se fait sur la base d'un plan relativement verrouillé.

C'est grâce à ces deux ressources populaires – la farce et la commedia dell'arte – que Molière va renouveler et remanier le genre : le jeu des acteurs devient moins statique et plus physique (on joue dorénavant avec son corps) et la déclaration devient plus naturelle (l'écart se réduit entre la langue du théâtre et la langue parlée).

PISTES DE RÉFLEXION

QUELQUES QUESTIONS POUR APPROFONDIR SA RÉFLEXION...

- Molière respecte-t-il la règle des trois unités dans la pièce ? Aidez-vous d'exemples pour appuyer votre réponse.
- La pièce a lieu à Naples. Quelle signification cela peut-il avoir dans la pièce ? Pour Molière ? Et dans le contexte du XVIIe siècle ?
- Les rôles de la bourgeoisie (les pères) et des gens du peuple (Scapin) sont échangés. Quels sont les buts et les effets de cette inversion ?
- Quels éléments Molière reprend-il à la commedia dell'arte ? Identifiez-les.
- Dans la pièce, quels rôles jouent les didascalies ?
- Quelles sont effectivement les fourberies de Scapin ? Racontez-les.
- Comment qualifieriez-vous la fin de la pièce ? Justifiez votre réponse.
- Quels rôles jouent les personnages féminins dans la pièce ?
- Comparez le personnage de Scapin avec l'un de ses modèles empruntés à la commedia dell'arte.
- Pourquoi, selon vous, la pièce n'a-t-elle pas rencontré plus de succès du temps de Molière ?

POUR ALLER PLUS LOIN

ÉDITION DE RÉFÉRENCE

- MOLIÈRE, *Les Fourberies de Scapin*, Paris, Gallimard, coll. « Folio Classique », 1999.

ÉTUDES DE RÉFÉRENCE

- « La Commedia dell'Arte », in *Don-Juan.net*, consulté le 12 septembre 2016, http://www.don-juan.net/francais/italie/li17m3f2.htm
- « Les Fourberies de Scapin », in *Comédie française.fr*, consulté le 12 septembre 2016, http://www.comedie-francaise.fr/histoire-et-patrimoine.php?id=387
- TILMANT A., *Les Fourberies de Scapin*, Bruxelles, Lemaitre Publishing, coll. « Profil Littéraire », 2016.

SUR LEPETITLITTÉRAIRE.FR

- Commentaire du monologue d'Harpagon dans *L'Avare* de Molière.
- Commentaire de la scène II de l'acte III de *Dom Juan* de Molière.
- Commentaire de la scène I de l'acte II du *Bourgeois gentilhomme* de Molière.
- Commentaire de la scène IV de l'acte V du *Misanthrope* de Molière.
- Commentaire de la scène X de l'acte III du *Malade imaginaire* de Molière.
- Commentaire de la scène VI de l'acte III du *Tartuffe* de

Molière.

- Commentaire de la scène ix des *Précieuses ridicules* de Molière.
- Commentaire de la scène i de l'acte I des *Femmes savantes* de Molière.
- Commentaire des scènes i et ii de l'acte I de *George Dandin* de Molière.
- Fiche de lecture sur *Amphitryon* de Molière.
- Fiche de lecture sur *Dom Juan*.
- Fiche de lecture sur *George Dandin*.
- Fiche de lecture sur *Le Bourgeois gentilhomme*.
- Fiche de lecture sur *L'École des Femmes* de Molière.
- Fiche de lecture sur *Le Malade imaginaire*.
- Fiche de lecture sur *Le Médecin volant* de Molière.
- Fiche de lecture sur *Le Misanthrope*.
- Fiche de lecture sur *Les Femmes savantes*.
- Fiche de lecture sur *Les Fourberies de Scapin* de Molière.
- Fiche de lecture sur *Les Précieuses ridicules*.
- Fiche de lecture sur *Le Tartuffe*.
- Fiche de lecture sur *L'Impromptu* de Versailles de Molière.
- Questionnaire de lecture sur *L'Avare*.
- Questionnaire de lecture sur *Dom Juan*.
- Questionnaire de lecture sur *Le Bourgeois gentilhomme*.
- Questionnaire de lecture sur *Le Misanthrope*.
- Questionnaire de lecture sur *Le Malade imaginaire*.
- Questionnaire de lecture sur *L'École des Femmes*.
- Questionnaire de lecture sur *Les Précieuses ridicules*.
- Questionnaire de lecture sur *George Dandin*.
- Questionnaire de lecture sur *Le Médecin volant*.
- Questionnaire de lecture sur *Les Fourberies de Scapin*.

Retrouvez notre offre complète sur lePetitLittéraire.fr

- des fiches de lectures
- des commentaires littéraires
- des questionnaires de lecture
- des résumés

ANOUILH
- Antigone

AUSTEN
- Orgueil et
  Préjugés

BALZAC
- Eugénie Grandet
- Le Père Goriot
- Illusions perdues

BARJAVEL
- La Nuit des
  temps

BEAUMARCHAIS
- Le Mariage
  de Figaro

BECKETT
- En attendant
  Godot

BRETON
- Nadja

CAMUS
- La Peste
- Les Justes
- L'Étranger

CARRÈRE
- Limonov

CÉLINE
- Voyage au bout
  de la nuit

CERVANTÈS
- Don Quichotte
  de la Manche

CHATEAUBRIAND
- Mémoires
  d'outre-tombe

**CHODERLOS
DE LACLOS**
- Les Liaisons
  dangereuses

CHRÉTIEN DE TROYES
- Yvain ou le
  Chevalier au lion

CHRISTIE
- Dix Petits Nègres

CLAUDEL
- La Petite Fille de
  Monsieur Linh
- Le Rapport
  de Brodeck

COELHO
- L'Alchimiste

CONAN DOYLE
- Le Chien des
  Baskerville

DAI SIJIE
- Balzac et la
  Petite
  Tailleuse chinoise

DE GAULLE
- Mémoires
  de guerre
  III. Le Salut.
  1944-1946

DE VIGAN
- No et moi

DICKER
- La Vérité sur
  l'affaire Harry
  Quebert

DIDEROT
- Supplément
  au Voyage de
  Bougainville

DUMAS
- Les Trois
  Mousquetaires

ÉNARD
- Parlez-leur
  de batailles,
  de rois et
  d'éléphants

FERRARI
- Le Sermon sur la
  chute de Rome

FLAUBERT
- Madame Bovary

FRANK
- Journal
  d'Anne Frank

FRED VARGAS
- Pars vite et
  reviens tard

GARY
- La Vie devant soi

GAUDÉ
- La Mort du
  roi Tsongor
- Le Soleil des
  Scorta

GAUTIER
- La Morte
  amoureuse
- Le Capitaine
  Fracasse

GAVALDA
- 35 kilos d'espoir

GIDE
- Les
  Faux-Monnayeurs

GIONO
- Le Grand
  Troupeau
- Le Hussard
  sur le toit

GIRAUDOUX
- La guerre de
  Troie
  n'aura pas lieu

GOLDING
- Sa Majesté des
  Mouches

GRIMBERT
- Un secret

HEMINGWAY
- Le Vieil Homme
  et la Mer

HESSEL
- Indignez-vous !

HOMÈRE
- L'Odyssée

HUGO
- Le Dernier Jour
  d'un condamné
- Les Misérables
- Notre-Dame
  de Paris

HUXLEY
- Le Meilleur
  des mondes

IONESCO
- Rhinocéros
- La Cantatrice
  chauve

JARY
- Ubu roi

JENNI
- L'Art français
  de la guerre

JOFFO
- Un sac de billes

KAFKA
- La Métamorphose

KEROUAC
- Sur la route

KESSEL
- Le Lion

LARSSON
- Millenium I. Les
  hommes qui
  n'aimaient pas
  les femmes

LE CLÉZIO
- Mondo

LEVI
- Si c'est un
  homme

LEVY
- Et si c'était vrai…

MAALOUF
- Léon l'Africain

MALRAUX
• La Condition
  humaine

MARIVAUX
• La Double
  Inconstance
• Le Jeu de l'amour
  et du hasard

MARTINEZ
• Du domaine
  des murmures

MAUPASSANT
• Boule de suif
• Le Horla
• Une vie

MAURIAC
• Le Nœud
  de vipères

MAURIAC
• Le Sagouin

MÉRIMÉE
• Tamango
• Colomba

MERLE
• La mort est
  mon métier

MOLIÈRE
• Le Misanthrope
• L'Avare
• Le Bourgeois
  gentilhomme

MONTAIGNE
• Essais

MORPURGO
• Le Roi Arthur

MUSSET
• Lorenzaccio

MUSSO
• Que serais-je
  sans toi ?

NOTHOMB
• Stupeur et
  Tremblements

ORWELL
• La Ferme
  des animaux
• 1984

PAGNOL
• La Gloire de
  mon père

PANCOL
• Les Yeux jaunes
  des crocodiles

PASCAL
• Pensées

PENNAC
• Au bonheur
  des ogres

POE
• La Chute de la
  maison Usher

PROUST
• Du côté de
  chez Swann

QUENEAU
• Zazie dans
  le métro

QUIGNARD
• Tous les matins
  du monde

RABELAIS
• Gargantua

RACINE
• Andromaque
• Britannicus
• Phèdre

ROUSSEAU
• Confessions

ROSTAND
• Cyrano de
  Bergerac

ROWLING
• Harry Potter à
  l'école des sor-
  ciers

SAINT-EXUPÉRY
• Le Petit Prince
• Vol de nuit

SARTRE
• Huis clos
• La Nausée
• Les Mouches

SCHLINK
• Le Liseur

SCHMITT
- La Part de l'autre
- Oscar et la
  Dame rose

SEPULVEDA
- Le Vieux qui
  lisait des romans
  d'amour

SHAKESPEARE
- Roméo et Juliette

SIMENON
- Le Chien jaune

STEEMAN
- L'Assassin
  habite au 21

STEINBECK
- Des souris et
  des hommes

STENDHAL
- Le Rouge et
  le Noir

STEVENSON
- L'Île au trésor

SÜSKIND
- Le Parfum

TOLSTOÏ
- Anna Karénine

TOURNIER
- Vendredi ou
  la Vie sauvage

TOUSSAINT
- Fuir

UHLMAN
- L'Ami retrouvé

VERNE
- Le Tour
  du monde
  en 80 jours
- Vingt mille
  lieues sous
  les mers
- Voyage au
  centre de
  la terre

VIAN
- L'Écume des jours

VOLTAIRE
- Candide

WELLS
- La Guerre des
  mondes

YOURCENAR
- Mémoires
  d'Hadrien

ZOLA
- Au bonheur
  des dames
- L'Assommoir
- Germinal

ZWEIG
- Le Joueur
  d'échecs

www.lepetitlitteraire.fr

ISBN version numérique : 978-2-8062-9063-2
ISBN version papier : 978-2-8062-9064-9
Dépôt légal : D/2016/12603/825

Avec la collaboration de Margot Sonneville pour les personnages Léandre et Octave et Hyacinte et Zerbinette, pour les chapitres : « Genèse et réception de l'œuvre », « L'influence de la commedia dell'arte » ainsi que pour les compléments d'informations intitulés « L'influence de la commedia dell'arte dans la création du personnage de Scapin », « Les sources de la pièce » et « Le Classicisme » et les pistes de réflexion. Avec la collaboration d'Alexandre Randal pour les chapitres « Contexte historique » et « Un valet rusé » ainsi que pour l'encadré sur le « Classicisme ».

Conception numérique : Primento,
le partenaire numérique des éditeurs.

Ce titre a été réalisé avec le soutien de la Fédération Wallonie-Bruxelles, Service général des Lettres et du Livre.